À L'ÉCOLE DU SAINT-ESPRIT

À L'ÉCOLE DU SAINT-ESPRIT

AVEC MOI EN TOUT TEMPS

FAISEURS D'EXPLOITS INTERNATIONAL

ISBN-13 :
978-9956-39-834-8

TABLE DES MATIÈRES

INTRODUCTION

Cher ami, chère amie,

As-tu déjà ressenti une paix toute douce dans ton cœur, comme si quelqu'un te disait : « Tout va bien aller » ? Ou peut-être une petite voix à l'intérieur de toi qui te montre ce qui est bon à faire ? Ce quelqu'un, c'est le Saint-Esprit, et Il est avec toi en tout temps.

Ce livre a été écrit spécialement pour toi, pour t'aider à découvrir qui est le Saint-Esprit, comment Il parle à ton cœur, et comment tu peux apprendre à marcher avec Lui tous les jours, comme un ami très proche.

À travers ces pages, tu vas apprendre à reconnaître Sa présence, à écouter Sa voix et à grandir dans l'amour, la joie, la paix et plein d'autres beaux fruits qu'Il dépose en toi. Ensemble, nous allons partir dans une belle aventure, un peu comme si tu entrais dans une école secrète et merveilleuse : l'école du Saint-Esprit !

Tu n'es jamais seul. Peu importe où tu vas, à l'école, à la maison, au parc, le Saint-Esprit est toujours là, avec toi, pour t'aider, te guider et te consoler.

Alors, es-tu prêt à commencer cette belle aventure ?

Prends ma main… et allons-y ensemble !

CHAPITRE 1
QUI EST LE SAINT-ESPRIT?

Dans notre vie quotidienne, nous rencontrons souvent des moments de joie, de tristesse, de confusion ou d'incertitude. Dans ces instants, il est important de se rappeler qu'il existe un soutien invisible mais puissant qui nous accompagne toujours. Ce soutien, c'est le Saint-Esprit.

Le Saint-Esprit, c’est un peu comme le vent. Tu ne peux pas le voir avec tes yeux, mais tu peux sentir qu’il est là. Par exemple, quand tu vois les feuilles des arbres bouger, ou quand tu sens l'air frais sur ton visage, tu sais que le vent souffle, même si tu ne le vois pas. C'est pareil pour le Saint-Esprit.

Dans la Bible, dans l'Évangile de Jean, Jésus dit que le vent souffle où il veut, et que c'est aussi comme ça pour le Saint-Esprit. Cela veut dire que le Saint-Esprit agit comme Il le veut, quand Il veut et où Il veut. On ne le contrôle pas, mais on peut apprendre à l'écouter et à le suivre.

Le Saint-Esprit vit dans le cœur de ceux qui aiment Jésus. Il est comme un ami très proche, un guide qui nous montre le bon chemin. Il nous aide à faire ce qui est juste, à aimer les autres, à pardonner, à être courageux, et à avoir la paix même quand on est inquiet.

Quand tu es triste, le Saint-Esprit peut te consoler. Quand tu ne sais pas quoi faire, Il peut te donner de bonnes idées. Quand tu pries, Il t'aide à parler à Dieu avec ton cœur.

Même si tu ne peux pas Le voir, tu peux sentir Sa présence dans ton cœur, surtout quand tu es calme, quand tu pries ou quand tu chantes pour Dieu.

Le Saint-Esprit est un cadeau que Dieu nous a donné pour ne jamais être seuls. Il est là, tout près de toi, chaque jour. Fais-Lui confiance, Il t'aime très fort.

Le Saint-Esprit est le souffle de Dieu. Il aide les gens à se souvenir de ce qui est important et à faire les bons choix. En Dieu, il y a trois personnes : Dieu le Père, Dieu le Fils et Dieu le Saint-Esprit. On les appelle la Sainte Trinité. Le Saint-Esprit représente Dieu manifesté à l'intérieur de nous.

Le Saint-Esprit est une personne. C'est un ami très spécial que Dieu nous a donné. Tu ne peux pas le voir avec tes yeux, mais tu peux sentir qu'Il est là. Il habite dans ton cœur quand tu invites Jésus dans ta vie. Le Saint-Esprit n'est jamais loin, jamais absent. Il est toujours avec toi, tous les jours, partout où tu vas : à la maison, à l'école, dans la voiture, même quand tu dors.

Il t'aime plus que n'importe qui. Plus que tes parents, tes amis, ou les personnes que tu admires. Son amour est parfait, doux, et très puissant. Quand tu es triste, Il est là pour te consoler. Quand tu as peur, Il te donne du courage. Quand tu ne sais pas quoi faire, Il te guide dans ton cœur. Il connaît tout de toi, même ce que tu ne dis à personne.

Quand un camarade à l'école te dit quelque chose de méchant, le Saint-Esprit le voit. Il est là, tout près de toi, et Il te serre dans Ses bras d'amour. Il ne te laisse jamais seul avec ta tristesse. Il te parle doucement dans ton cœur, te rappelle que tu es précieux, et Il te donne la force de pardonner, même quand c'est difficile.

Tu ne peux pas vivre sans son amour. Il est le seul à pouvoir toujours être là pour toi, à chaque instant. Alors, parle-lui comme à un ami. Raconte-lui tes joies, tes peurs, tes rêves. Il t'écoute toujours. Le Saint-Esprit est ton meilleur ami, ton guide, ton protecteur. Et Il ne te quittera jamais.

Lorsque Jésus est monté au ciel, Il a promis d'envoyer le Saint-Esprit pour être notre guide, comme une lumière dans l'obscurité. Quand on prie ou qu'on cherche du soutien, on peut se souvenir que le Saint-Esprit est là, prêt à nous aider.

Le Saint-Esprit peut se montrer à nous de différentes façons. Parfois, même quand on vit des moments compliqués, on ressent tout à coup une paix ou une joie spéciale dans notre cœur. C'est un peu comme si quelqu'un invisible venait nous faire un câlin pour nous réconforter. Ce sentiment calme et doux nous aide à nous sentir mieux, même si tout ne va pas bien autour de nous.

Le Saint-Esprit peut aussi nous parler dans notre cœur pour nous donner de bonnes idées. Par exemple, il peut nous pousser à être gentils avec quelqu'un, à partager, ou à demander pardon. Il nous aide à choisir ce qui est bien et à faire plaisir à Dieu. Il peut même nous donner du courage quand on a peur ou quand on ne sait pas quoi faire.

Quand on écoute cette petite voix intérieure qui nous pousse à faire le bien, c'est souvent le Saint-Esprit qui nous guide. Il est comme un ami spécial que Dieu nous envoie pour nous aider, nous consoler et nous encourager chaque jour. Même si on ne le voit pas, on peut sentir sa présence dans notre cœur.

Le Saint-Esprit, c'est un cadeau de Dieu pour nous aider dans la vie. Il nous donne des dons spéciaux pour faire le bien autour de nous. Par exemple, certaines personnes aiment aider les autres, partager leurs jouets ou parler de Dieu avec joie. Ce sont des choses que le Saint-Esprit met dans leur cœur.

Parfois, le Saint-Esprit fait aussi des choses extraordinaires. Dans la Bible, on lit qu'Il a aidé des personnes à parler d'autres langues qu'elles ne connaissaient pas, ou à faire des miracles pour montrer la puissance de Dieu. Ces moments sont impressionnants, mais le Saint-Esprit agit aussi dans les petites choses de tous les jours.

Même si on ne peut pas le voir avec nos yeux, le Saint-Esprit est là, tout près de nous. Il vit dans notre cœur et nous aide à faire de bons choix. Il nous donne des idées pour aimer, pardonner et encourager les autres. C'est comme une lumière à l'intérieur de nous qui nous guide.

Le plus beau, c'est que le Saint-Esprit est en chacun de nous. Il est un ami fidèle que Dieu nous a donné pour nous accompagner chaque jour.

Le Saint-Esprit,
un ami invisibile toujours là

CHAPITRE 2 COMPRENDRE LE CONCEPT « AVEC MOI EN TOUT TEMPS »

Quand je te dis que le Saint-Esprit est toujours avec toi, c'est quelque chose de très spécial. Tu sais, le Saint-Esprit fait partie de ce qu'on appelle la Sainte Trinité. Cela veut dire qu'il y a Dieu le Père, Jésus le Fils, et le Saint-Esprit. Ce sont trois personnes, mais ensemble, ils ne forment qu'un seul Dieu.

Le Saint-Esprit, c'est l'Esprit de Dieu qui vit sur la terre avec nous. Après que Jésus soit ressuscité et qu'il soit monté au ciel, Il a promis à ses amis, ses disciples, qu'Il leur enverrait quelqu'un pour les aider. Cette personne, c'est le Saint-Esprit. Jésus l'a appelé le "Paraclet", ce qui veut dire un ami, un conseiller, un protecteur. Il est toujours là pour nous guider, nous réconforter et nous fortifier.

Avant de partir, Jésus a dit à ses disciples : « Mais vous recevrez une puissance, le Saint-Esprit survenant sur vous, et vous serez mes témoins à Jérusalem, dans toute la Judée, dans la Samarie, et jusqu'aux extrémités de la terre. » (Actes 1:8)

Cela veut dire que le Saint-Esprit donne de la force et du courage pour parler de Dieu et pour faire le bien. Il est avec toi chaque jour, pour t'aider à grandir, à aimer les autres et à marcher dans les pas de Jésus. Même si tu ne peux pas le voir, Il vit dans ton cœur et Il t'accompagne partout où tu vas.

Laisse-moi te raconter une petite partie de mon histoire. Quand j'étais plus jeune, je ne connaissais pas encore le Saint-Esprit. Ma famille croyait en Dieu et priait souvent, mais moi, je n'avais pas une relation personnelle avec Jésus. Au fond de mon cœur, je L'aimais, mais j'avais honte d'en parler aux autres.

Par exemple, on m'avait appris à toujours prier avant de manger. À la maison, je le faisais sans problème. Mais quand j'étais en public, je me cachais pour prier. Je faisais très attention pour que personne ne voie que j'étais en train de prier. J'avais peur que les gens se moquent de moi ou me posent des questions.

Puis un jour, j'ai rencontré le Saint-Esprit. Il a rempli mon cœur de paix, de joie et surtout de courage. Grâce à Lui, je n'ai plus eu peur de montrer ma foi. J'ai commencé à parler de Jésus librement, à prier sans me cacher et à vivre ma vie de chrétien avec joie.

Le Saint-Esprit m'a aidé à ne plus avoir honte d'aimer Jésus. Il m'a donné la force d'être moi-même,

même devant les autres. Et toi aussi, Il peut t'aider à grandir dans ta foi et à ne jamais avoir peur de parler de Dieu.

Bien après que Jésus soit monté au ciel, Ses amis, les disciples, restaient là à regarder les nuages. Ils étaient un peu tristes. Pendant environ trois ans, Jésus avait marché avec eux. Il leur avait parlé de Dieu, il les avait enseignés, guidés, aimés… et maintenant, Il s'en allait. Pour eux, c'était comme perdre un très bon ami. Imagine que ton meilleur ami, celui avec qui tu joues tous les jours, parte dans un autre pays très loin. Tu serais sûrement triste, toi aussi.

Mais Jésus leur avait pourtant promis quelque chose de très important. Peut-être que les disciples n'avaient pas bien compris ce qu'il voulait dire. Dans la Bible, Jésus a dit dans Jean 15:26 : « Quand sera venu le consolateur, que je vous enverrai de la part du Père, l'Esprit de vérité, qui vient du Père, il rendra témoignage de moi. »

Ce "consolateur", c'est le Saint-Esprit. Jésus savait que ses amis allaient se sentir seuls sans Lui. Alors, Il leur a promis d'envoyer l'Esprit Saint pour les réconforter, les aider et leur rappeler tout ce qu'Il leur avait enseigné. Le Saint-Esprit, c'est comme un ami spécial qu'on ne voit pas, mais qui vit dans notre cœur. Il nous guide, nous parle, nous console… et nous aide à rester proches de Jésus chaque jour.

Après son passage sur la terre, Jésus a promis de ne pas nous laisser tout seuls. Il savait qu'un jour, Il retournerait au ciel, mais Il ne voulait pas que nous soyons tristes ou abandonnés. Alors, Il a promis d'envoyer quelqu'un de très spécial : le Saint-Esprit. C'est l'Esprit de Dieu, que Jésus appelle aussi « l'Esprit du Père».

Quand Jésus était sur la terre, Il ne pouvait pas être partout en même temps. Mais le Saint-Esprit, Lui, peut être partout, tout le temps. Il peut être avec toi, avec moi, et avec plein d'autres personnes en même temps

! Et ce qui est encore plus merveilleux, c'est que quand tu acceptes le Saint-Esprit, Il vient habiter dans ton cœur. Il devient ton ami fidèle, ton guide, ton protecteur.

Le Saint-Esprit reste avec toi toute la journée et même pendant la nuit. Quand tu dors, Il veille sur toi. Quand tu vas à l'école, Il t'accompagne. Quand tu joues, Il est là. Même quand tu fais des tâches comme ranger ta chambre ou laver la vaisselle, Il ne te quitte jamais. Et dans les moments où tu es triste, inquiet ou que tu vis quelque chose de difficile, Il est toujours là, prêt à t'aider, te consoler et te donner du courage.

Le Saint-Esprit est un cadeau précieux que Jésus nous a laissé. Tu peux lui parler, l'écouter et lui faire confiance. Il t'aime et veut le meilleur pour toi chaque jour.

Cependant, il y a une petite condition pour recevoir le Saint-Esprit : nous devons naître de nouveau et accepter Jésus-Christ comme notre Seigneur et

Sauveur. Cet acte consiste à demander à Dieu de nous pardonner tout ce que nous avons pu faire de mal et de venir purifier nos cœurs. Dès que nous faisons cette prière, le Saint-Esprit descend en nous et ne nous lâche plus jamais.

Qu'est-ce que la nouvelle naissance?

As-tu déjà entendu parler de la nouvelle naissance dans la Bible ? Ce n'est pas comme naître de nouveau dans le ventre de ta maman. C'est une naissance spirituelle !

Quand on naît la première fois, on vient au monde avec un corps : des yeux, des bras, des jambes, un cœur… Mais la Bible nous dit qu'on a aussi une âme et un esprit. Et pour être vraiment ami avec Dieu, notre esprit doit naître de nouveau.

Un jour, un homme très intelligent nommé Nicodème est allé voir Jésus. Il lui a demandé comment faire pour entrer dans le Royaume de Dieu.

Jésus lui a répondu : « Il faut naître de nouveau. » (Jean 3:3)

Cela veut dire que si tu crois que Jésus est le Fils de Dieu, qu'Il est mort pour toi et qu'Il est ressuscité, alors ton esprit devient tout neuf ! C'est comme si Dieu nettoyait ton cœur et te donnait un cœur nouveau, rempli de Sa lumière.

Quand tu acceptes Jésus dans ton cœur, tu deviens un enfant de Dieu. Tu reçois le Saint-Esprit, qui vient habiter en toi. Il t'aide à faire le bien, à prier, à aimer les autres, et à rester proche de Dieu.

C'est ça, la nouvelle naissance ! Ce n'est pas une magie, c'est une belle décision que tu prends : celle d'aimer Jésus et de Le suivre toute ta vie.

Et la meilleure nouvelle ? Tu n'es plus jamais seul. Jésus marche avec toi chaque jour, et tu fais maintenant partie de Sa grande famille !

Je te propose une petite prière pour naitre de nouveau :

Prière pour naître de nouveau

Seigneur Jésus,

Je crois que Tu es le Fils de Dieu.

Je crois que Tu es mort sur la croix pour moi

et que Tu es vivant aujourd'hui.

Je veux Te connaître et Te suivre.

Pardonne-moi pour tout le mal que j'ai fait.

Je Te demande de venir vivre dans mon cœur.

Fais de moi un enfant de Dieu.

Change mon cœur, rends-le tout propre,

et aide-moi à faire ce qui Te plaît.

Je Te donne ma vie.

Je Te choisis comme mon Sauveur et mon meilleur ami.

Merci de m'aimer et de ne jamais m'abandonner.

Merci pour le Saint-Esprit qui vient habiter en moi.

Je suis maintenant un enfant de Dieu, et je suis très heureux!

Au nom de Jésus,

Amen.

Le Saint-Esprit est vraiment merveilleux !

Quand Il vit dans notre cœur, Il nous aide chaque jour.

Quand quelque chose est trop difficile, Il nous donne de la force pour ne pas abandonner.

Quand on est triste, Il nous console et nous apporte de la paix dans notre cœur.

Quand on ne sait pas quoi faire, Il nous guide et nous montre le bon chemin.

Le Saint-Esprit est toujours là, partout et tout le temps : à la maison, à l'école, en jouant ou même quand on dort.

C'est possible parce que Dieu est tout-puissant.

Cela veut dire qu'Il peut tout faire : créer le monde, prendre soin de nous, et faire des choses incroyables.

Le Saint-Esprit est l'Esprit de Dieu.

Il nous aime, Il nous protège, et Il nous accompagne à chaque moment de notre vie.

Avec Lui, tu n'es jamais seul !

Prière

CHAPITRE 3
MANIFESTER LES FRUITS DU SAINT-ESPRIT POUR UNE VIE ÉPANOUIE

Pour être heureux et bien vivre dans ce monde, c'est très important d'avancer chaque jour avec le Saint-Esprit. Quand Il est avec toi tout le temps, Il t'aide à devenir une meilleure personne. Il t'aide à être plus gentil, plus patient, plus joyeux… et plein d'autres belles choses !

Quand tu laisses le Saint-Esprit t'aider, ton cœur est rempli de paix, tu te sens bien à l'intérieur, et les gens autour de toi se sentent bien aussi.

La Bible nous parle des fruits du Saint-Esprit dans le livre de Galates, chapitre 5, verset 22. Ce ne sont pas des fruits qu'on mange comme des pommes ou des bananes, mais ce sont des qualités précieuses que le Saint-Esprit fait grandir dans ton cœur.

Les voici : l'amour, la joie, la paix, la patience, la bonté, la gentillesse, la foi (faire confiance à Dieu), la douceur, le contrôle de soi (savoir se calmer).

Ces fruits rendent ta vie plus belle et ton cœur plus fort. Et plus tu passes du temps avec le Saint-Esprit, plus ces fruits vont grandir en toi.

Allons en apprendre plus sur chaque fruit du Saint-Esprit maintenant!

L'Amour

L'amour est le plus grand des fruits du Saint-Esprit. Il est la terre sur laquelle poussent les autres fruits de l'Esprit de Dieu. En dehors de Dieu, nous ne pouvons pas vraiment porter des fruits tels que l'amour. Lorsqu'on le désire vraiment et que l'on demande la force à Dieu de pouvoir porter les fruits, il nous la donne.

L'amour se concrétise par le service. Notre meilleur ami Jésus, nous a montré l'exemple. En tant que Chef, Il s'est fait le serviteur de Ses 12 disciples en lavant leurs pieds. À cette époque, cette tâche était réservée aux serviteurs. Jésus s'est fait serviteur pour qu'à Son exemple, nous manifestions de l'amour pour les autres, en nous mettant à leur service.

L'amour se manifeste dans de petites choses comme par exemple débarrasser la table après avoir mangé, ranger ses affaires au bon endroit, jouer dans la cour de récréation avec un ami qui est seul. L'amour est gratuit, on le fait sans rien attendre en retour. On utilise beaucoup notre imagination pour pouvoir manifester de l'amour.

L'amour, c'est également accueillir l'autre tel qu'il est sans le juger. Notre ami Jésus aimait tout le monde. L'amour de Dieu, c'est pour tout le monde, partout dans le monde….

L'amour c'est donner, c'est pardonner, c'est dénoncer l'injustice, donner de son temps pour aider l'autre dans le besoin, partager son goûter avec ami qui est dans le besoin. Que peux-tu faire chaque jour pour manifester de l'amour autour de toi, à tes parents, tes frères, tes amis, aux personnes qui ne sont pas gentilles avec toi? Jésus veut aussi que nous aimions ceux qui ne nous aiment pas ou qui ne sont pas gentils avec nous. Jésus permet que nous rencontrions ces personnes pour nous apprendre à aimer sans rien attendre en retour et à prier pour elles.

La Joie

« Soyez toujours dans la joie » 1Th5:16.

Mon ami, le Seigneur nous invite à toujours être joyeux. Est-ce possible quand un ami prend ton goûter, quand tu as une mauvaise note ou quand tu as faim d'être toujours dans la joie? Comment combattre la tristesse qui nous envahit souvent?

Dans la Bible, nous avons plusieurs versets qui nous parlent de la joie de Dieu et de la joie à laquelle nous sommes appelés en tant qu'enfant de Dieu.

Toute personne à un moment donné traverse des situations qui peuvent le rendre triste. Il y a des moments dans la vie où on est découragé, on a l'impression que rien ne fonctionne, on est triste. Il est important de se rappeler à ces moments, les raisons pour lesquelles nous devons être en joie.

La première raison pour laquelle je dois être dans la joie est que, je sais que je suis aimée de Dieu d'un amour inconditionnel, d'un amour infini, d'un amour gratuit et d'un amour sincère.

« Parce que tu as du prix à mes yeux, que tu as de la valeur et que je t'aime... Ne crains pas, car je suis avec toi. » (Esaïe 43, 4-5)

Il m'aime tellement qu'Il a sacrifié son fils unique Jésus-Christ pour moi, comme il est écrit : « Car Dieu a tant aimé le monde qu'il a donné son Fils unique, afin que quiconque croit en lui ne périsse point, mais qu'il ait la vie éternelle.» (Jean 3;16).

La deuxième raison pour laquelle je dois être en joie est que mon Dieu dit dans Sa parole qu'il me connaît bien. « C'est toi qui as créé mes reins, qui m'as tissé dans le sein de ma mère. Je reconnais devant toi le prodige, l'être étonnant que je suis : étonnantes sont tes œuvres, toute mon âme le sait. J'étais encore inachevé, tu me voyais ; sur ton livre, tous mes jours étaient inscrits, recensés avant qu'un seul ne soit ! »

(Psaumes 138 : 13-16). Mon Dieu me connaît bien et Il fait tout concourir pour mon bien

« Nous le savons, quand les hommes aiment Dieu, lui-même fait tout contribuer à leur bien, puisqu'ils sont appelés selon le dessein de son amour. » (Romains 8 :28).

Il m'invite à la joie, car la joie du seigneur est la force des enfants de Dieu « Ne soyez pas tristes, car c'est la joie de l'Éternel qui fait votre force.» Néhémie 8 :10. Néhémie, face à l'adversité que vivait le peuple, les encourage à rester dans la joie, car la victoire dépendait de cette recommandation.

Lorsqu'on garde notre joie, on a plus de force pour affronter les défis qui veulent voler notre joie. La joie est un don de Dieu. Ce n'est qu'en Dieu et Dieu seul qu'on trouve la vraie joie,

« On trouve une joie pleine en ta présence, un plaisir éternel près de toi. » Ps16;11.

C'est en marchant selon les commandements d'amour de Dieu dans l'espérance qu'on produit la joie.... Comme le disait un ami de Dieu qui a vécu dans le passé: « Un saint triste est un triste saint. » On peut le transposer en disant : « Un enfant de Dieu triste est un triste enfant de Dieu. » Alors mon ami, chaque matin à ton réveil, sois joyeux. Peu importe ce qui va arriver, garde ta joie. Rappelle-toi qu'elle est un cadeau de notre ami, le Saint-Esprit. Donc, c'est ton amitié avec le Saint-Esprit qui te permettra de porter ce vêtement tout le temps, en toutes circonstances.

La Paix

La paix, troisième fruit du Saint-Esprit, vient également de Dieu. Elle est une promesse de Dieu pour Ses enfants.

« Je vous laisse la paix, je vous donne ma paix. Je ne vous donne pas comme le monde donne. Que votre cœur ne se trouble point, et ne s'alarme point. » Jn14: 27.

La paix n'est pas une absence de problèmes, mais c'est notre capacité à rester calme et paisible en toutes circonstances comme Jésus qui dormait au milieu de la tempête, parce qu'Il avait confiance en son Père. Nous restons paisibles parce que nous savons que notre ami le Saint-Esprit, n'a pas changé.

Il est capable d'apaiser toutes les situations qui peuvent troubler notre paix. Si nous marchons avec Jésus, si nous naviguons avec Lui dans la barque de notre vie, Il nous remplira toujours de Sa paix. Donc, le véritable travail que je dois faire pour être en paix tout le temps et en toutes circonstances, c'est de m'assurer que le Saint-Esprit est avec moi, c'est d'être enraciné en Jésus-Christ.

Lorsque Le Saint-Esprit est avec moi, j'ai l'assurance du « tout va bien ». Quelles que soient les difficultés sur le chemin, Il est capable de dire : «

Silence ! Arrêtez ! » Marc 4:39. La paix qui vient de Jésus nous apporte le calme lorsqu'on vit des situations qui normalement, pourraient nous déranger.

Cette assurance vient du fait que Jésus-Christ a offert Sa vie en sacrifice pour nous à la croix. Es-tu conscient que Jésus-Christ s'est laissé crucifier pour que tu puisses être à chaque instant dans la Paix, La Joie, grâce à ta communion permanente avec Dieu?

Nos camarades qui ne connaissent pas Jésus ne peuvent comprendre comment une personne peut garder sa paix en toutes circonstances. C'est la présence du Saint-Esprit en nous qui produit la paix. Notre amitié avec le Saint-Esprit nous conduit à expérimenter la marche dans la paix de Jésus-Christ comme Il nous l'a promis. La paix commence à l'intérieur de nous et elle est contagieuse.

Y a-t-il des choses qui troublent ta paix en ce moment? Prends le temps d'y penser. Si possible, noteles et prend du temps d'en parler avec Dieu, Il est la source de toute paix véritable.

La Patience

Parlons à présent du quatrième fruit du Saint-Esprit: la patience. Plusieurs situations du quotidien éprouvent notre capacité à être patient. La patience est pourtant un des fruits du Saint-Esprit qui montre notre maturité.

Proverbes 14 :29 : « Celui qui est lent à la colère a une grande intelligence, mais celui qui est prompt à s'emporter proclame sa stupidité. »

La génération d'aujourd'hui est une génération de l'instantanée. Le constat que je fais est que beaucoup d'enfants sont impatients.

Il y a plusieurs choses qui peuvent nous faire passer d'un calme serein à une colère intense. Notre ami Jésus-Christ nous a montré la meilleure attitude à avoir lorsque les situations nous poussent à l'impatience.

Jésus Christ restait calme devant toutes situations susceptibles de le pousser à l'impatience. Même si cela est devenu presque normal de manifester de l'impatience, être patient est une recommandation de notre Papa.

1 Thessaloniciens 5 :14 : « soyez patients envers tous. »

Sois patient envers toi, sois patient avec les autres. Lorsque tu as un objectif à atteindre, tu as besoin de patience et de détermination envers toi pour pouvoir le réaliser. Une grande majorité de personnes manifestent de l'impatience, elles font des crises de colère parce qu'elles n'ont pas ce qu'elles veulent quand elles le désirent, tout de suite.

C'est l'amour de Dieu en toi qui te donne d'être patient envers toi-même et les autres. L'amour nous aide à choisir la meilleure attitude à avoir lorsque les personnes ou les situations veulent nous pousser à réagir avec colère. L'amour et la patience marchent ensemble : « L'amour est patient » 1 Corinthiens 13 :4.

Tu es souvent appelé à manifester de la patience envers des personnes, ton frère, ta sœur, ton ami, tes parents, un inconnu ou bien face à des circonstances, événements de la vie qui t'irritent.

Regarder l'autre comme Dieu le voit peut t'aider à être patient. Lorsque je me rappelle que Dieu est patient envers moi, je travaille également pour être patient avec les autres.

2 Pierre 3 :9 dit : « Dieu use de patience envers vous. »

Dieu est patient envers toi, envers moi, parce qu'Il veut que chacun le connaisse et que chacun puisse changer le regard qu'Il a sur soi et sur les autres. Il est important de comprendre que tu n'es pas parfait, l'autre n'est pas parfait et qu'il y a des situations hors de ton contrôle. Dieu seul contrôle toute chose. Il utilise souvent les situations qui nous irritent pour réaliser Ses œuvres en nous. Il utilise les situations ou les personnes qui nous irritent pour nous rendre semblables à Lui.

La patience implique de la retenue devant tout ce qui nous arrive. Comment est-ce que tu réagis devant les situations ou les personnes qui t'irritent ? Es-tu capable de contrôler tes humeurs et ta colère? Plus tu seras attaché à Celui qui est la patience même, plus tu grandiras en patience.

Il y a un grand ami de Dieu qui disait: « Ayez de la patience en toute chose, mais surtout ayez de la patience avec vous-même. Ne perdez pas courage en constatant vos imperfections, mais appliquez-vous tout de suite à y remédier – recommencez la tâche chaque jour ».

Avec l'aide de Dieu !

La Bonté

J'aimerais te dire que la bonté est une qualité qui nous pousse à faire le bien et être bon envers les autres. La parole de Dieu nous dit dans Éphésiens 4 :32 « Soyez bons et pleins de compassion les uns envers les autres; pardonnez-vous réciproquement comme Dieu nous a pardonné en Christ. » En Romains 12 :21, il est écrit : « Ne te laisse pas vaincre par le mal, mais sois vainqueur du mal par le bien ».

Pour illustrer cette vertu, j'aimerais prendre pour exemple un pommier qui a beaucoup de pommes. Ce pommier ne garde pas ses fruits pour lui, mais les donne à tous ceux qui en ont besoin, sans rien demander en retour. Ce parallèle est ce que Dieu désire que nous pratiquions chaque jour et qui plaît à Son cœur.

S'il t'est difficile de pratiquer automatiquement de la bonté, tu n'as pas à t'inquiéter. Le Saint-Esprit est un guide, un ami envoyé par Dieu pour t'aider à être une meilleure personne. Tu peux donc t'appuyer sur Lui afin de ressembler un peu plus chaque jour à Jésus. Lorsque par exemple, tu te rends compte qu'à l'école, une amie est triste et semble affamée, sans te poser de question, tu lui partages ton goûter. Ce geste de ta part s'appelle de la bonté. Ainsi, chaque fois que tu poses une belle action telle que celle-ci, tu sèmes des graines d'amour autour de toi. Et comme toute semence produit une récolte, sois sûr que la semence de la bonté va t'apporter de bonnes récoltes telles que la bienveillance, la gratitude, le respect.

Rappelle-toi toujours que la bonté est un choix personnel de pratiquer le bien, même quand personne ne te regarde !

La Bienveillance

La bienveillance c'est quand on est gentil et attentionné envers les autres. La Bible dit à cet effet dans Romains 15 : 14 : « Pour ce qui vous concerne, mes frères, je suis moi-même persuadé que vous êtes pleins de bonnes dispositions, remplis de toute connaissance, et capables de vous exhorter les uns les autres. »

Pour mieux te faire comprendre cette vertu, je vais faire un parallèle avec les fleurs qui répandent leur parfum sans faire de bruit. Elles n'attendent rien en retour, mais elles embellissent le monde et réjouissent ceux qui les croisent.

Le Saint-Esprit veut que nous pratiquions la bienveillance en étant gentils et en donnant aux autres sans attendre, comme cette fleur qui offre son parfum.

Par exemple, tu es à l'école et tu remarques qu'un nouvel élève est seul dans la cour de récréation. Tu décides d'aller lui parler et l'invite à jouer avec toi et tes amis. Cette gentillesse apporte du bonheur à cet élève et témoigne de la bienveillance ou de la bonté envers lui. Lorsque tu la pratiques, cela réjouit le cœur de Dieu à ton égard et t'ouvre de nombreuses portes.

N'oublie pas que la bienveillance, c'est agir avec gentillesse et chercher à rendre les autres heureux !

La Fidélité

La fidélité est une qualité qui témoigne la capacité à s'attacher à ses devoirs et à être régulier dans l'accomplissement de ses engagements. La Bible dit au sujet de la fidélité dans Deutéronome 7:9 : « Ce Dieu fidèle garde son alliance et sa bonté jusqu'à la millième génération envers ceux qui l'aiment et qui respectent ses commandements. »

As-tu déjà remarqué que les humains ont cette assurance naturelle que chaque matin le soleil se lèvera tout comme chaque nuit, les étoiles brilleront? Pourquoi avons-nous cette certitude? Nous l'avons parce que nous pouvons compter sur la fidélité de notre Créateur. Depuis la nuit des temps, Il n'a jamais failli à sa tâche en nous donnant le soleil chaque jour sans faute.

Il est fidèle à Son rôle et illumine le monde sans jamais faillir. Comme par le Saint-Esprit, nous sommes semblables à Christ, nous devons également témoigner de la fidélité dans chacune de nos actions. Les personnes autour de nous devraient avoir une entière confiance en nous et l'assurance que notre tâche sera effectuée avec diligence.

Dieu veut que tu sois fiable et engagé, comme les éléments stables de Sa création. Par exemple, si tu promets à ton petit frère de l'aider à construire un château en Lego après l'école, même si tes amis t'invitent à jouer dehors et que la proposition est alléchante, tu te souviens d'abord de ta promesse et choisit de l'honorer.

N'oublie jamais qu'être fidèle, c'est tenir ses engagements envers Dieu, envers les autres et envers soi-même.

La Douceur

La douceur est une qualité de ce qui est doux, agréable et sans heurt. Voici quelques versets bibliques qui évoquent la douceur.

Proverbes 15:1 : « Une réponse douce calme la fureur, tandis qu'une parole dure augmente la colère. »

Proverbes 16:24 : « Les paroles agréables sont un rayon de miel: elles sont douces pour l'âme et porteuses de guérison pour le corps. »

Philippiens 4:5 : « Que votre douceur soit connue de tous les hommes. Le Seigneur est proche. »

Pour mieux illustrer ce fruit du Saint-Esprit, j'aimerais te prendre l'image de l'agneau qui est considéré comme un animal doux et paisible. Il ne répond jamais par la colère, mais inspire la tendresse et la paix. En effet, c'est sa nature profonde et rien ne suscite en lui la colère. Ainsi, à chaque fois que tu réponds avec amour, tu es comme l'agneau que Jésus Lui-même a pris en exemple.

Ainsi, si quelqu'un te bouscule violemment et qu'au lieu de te fâcher, tu choisis de répondre calmement et pardonnes, tu exerces volontairement de la douceur. En pratiquant cela, tu apportes la paix autour de toi. Est-ce que cela est toujours facile de manifester de la douceur en tout temps? Bien sûr que non ! Cependant, avec le Saint-Esprit en nous, rien n'est impossible. Il te suffit de lui demander Son aide et de te rappeler que ces qualités ne viennent pas de nous seuls, mais que le Saint-Esprit nous aide chaque jour à les vivre pleinement.

La douceur, c'est donc répondre avec amour et patience, même lorsqu'on est contrarié.

La tempérance

La tempérance est une qualité qui permet à une personne d'avoir un comportement modéré et plein de retenue. C'est la capacité de se maitriser et de résister aux excès. La parole de Dieu explique à cet effet dans Jacques 3 :2 que : « Si quelqu'un ne commet pas d'écart quand il parle, c'est un homme parfait, capable de maîtriser son corps tout entier.

Dans Proverbes 16:32, il est écrit : « La lenteur à la colère vaut mieux que l'héroïsme; mieux vaut être maître de soi que s'emparer de villes. »

Pour bien illustrer cela, j'aimerais te prendre l'exemple d'une rivière qui coule doucement et suit son cours. Si elle déborde, elle peut causer des inondations, mais si elle reste maîtrisée, elle donne de l'eau et de la vie.

Dieu désire pour toi que tu sois toujours maître de ton corps et de tes choix. Même si cela n'est pas toujours facile, rappelle-toi que le Saint-Esprit est toujours avec toi et qu'Il peut t'aider chaque jour à développer la tempérance. Parce qu'Il est ton ami, et qu'Il est toujours avec toi, Il veut ton bien.

Par exemple, tu as du mal à te contrôler devant une boite de chocolat. Tes parents insistent sur le fait de ne pas trop en manger pour des questions de santé. Tu te retrouves un jour seul dans la cuisine avec une boîte de chocolat posée sur la table. Tu pourrais bien en manger en cachette, mais tu résistes volontairement à l'envie d'en prendre, car tu sais que tes parents ne sont pas d'accord et aussi que si tu en prends un, il y a de fortes chances que tu finisses la boîte au complet.

Tu te sens fier de toi, car tu as fait le bon choix. En te comportant de la sorte, tu as su te maitriser. Cette grande maitrise de toi te permettra d'éviter beaucoup d'erreurs et témoigne que tu grandis en sagesse.

Rappelle-toi toujours que la tempérance, c'est savoir se contrôler et ne pas agir sous l'impulsion de nos envies.

Le fruit de l'Esprit,
c'est l'amour, la joie, paı...
Amaur
Joie
Paix
Paix
Patience
Bienveillance
Douceur
Fidélité

CHAPITRE 4 PROCLAMATIONS POUR MANIFESTER LES FRUITS DU SAINT-ESPRIT

Tu sais quoi ? La parole que tu dis avec ta bouche est très puissante !

La Bible dit dans Proverbes 18:21 :

« La mort et la vie sont au pouvoir de la langue ; Quiconque l'aime en mangera les fruits. »

Cela veut dire que ce que tu dis peut faire du bien ou faire du mal.

C'est un peu comme une graine que tu plantes. Si tu dis de belles choses, des choses vraies et pleines d'amour, tu vas voir de bons fruits pousser dans ta vie ! Voici quelques exemples dans les lignes qui suivent.

Quand tu dis : "Je suis intelligent !", "Dieu m'aime !" "Je peux réussir avec l'aide de Jésus !", ces paroles sont comme des petites graines qui vont pousser et devenir de belles choses dans ton cœur.

Mais si on dit des paroles méchantes ou négatives tout le temps, cela peut rendre notre cœur triste. C'est pour ça que Dieu veut qu'on utilise notre bouche pour bénir, encourager et créer du bien.

Maintenant, je vais te montrer des phrases puissantes que tu peux répéter chaque jour. Elles sont basées sur les fruits du Saint-Esprit (comme l'amour, la paix, la joie...).

Chaque fois que tu les dis, c'est comme si tu plantais un fruit doux et délicieux dans ton cœur. Veux-tu qu'on commence ensemble avec le premier fruit ?

1. L'AMOUR

Voici les proclamations sur l'amour, nous allons nous baser sur ces versets bibliques : Jean 13 :34; Colossiens 3 :13; Mt 22 :37; 1 corinthiens 13 :4; Hébreux 13 :16

Sur la base de ces versets, je proclame et je déclare que :

- J'aime Dieu de tout mon cœur.
- Je choisis d'aimer comme Jésus m'aime.
- Je pardonne à ceux qui me font du mal.
- Dieu m'aime d'un amour éternel.
- J'aime mon prochain comme moi-même.

- Mon amour est patient et gentil.

- L'amour de Dieu remplit mon cœur de paix et de bienveillance.

- J'aime mes frères et sœurs même quand ils me taquinent.

- Rien ne peut me séparer de l'amour de Dieu.

- Je montre mon amour en aidant les autres.

- Je fais tout avec amour.

- Je ne me moque pas des autres ni de mes amis.

- J'aide mes camarades à l'école quand ils ont besoin d'aide, je suis gentil avec eux.

- J'accepte les autres comme ils sont.

- L'amour de Dieu remplit mon cœur.

- J'écoute mes parents avec respect.

- J'obéis aux commandements de Dieu par amour pour lui.

2. LA JOIE

Versets clés : 1 Thessaloniciens 5 :16; Néhémie 8 :10 ; Philippiens 4 :4 ; Jean 16 :22

Sur la base de ces versets, je proclame et je déclare que :

- Je suis toujours joyeux, quelles que soient les circonstances.
- Ma joie vient du Seigneur.
- Je me réjouis toujours en Jésus.
- Même dans les difficultés, je garde la joie.
- Mon cœur est rempli de joie chaque jour.
- Dieu change mes pleurs en joie.
- Je chante avec joie pour Dieu.
- Jésus me donne une joie parfaite.
- Je remercie Dieu avec joie.

- Je suis heureux de faire du bien.
- Mon âme se réjouit en Dieu.
- Je ne laisse pas les chicanes enlever ma joie.
- Je remercie Jésus pour sa joie en moi.
- Je transmets la joie en rendant service.
- Je trouve ma joie en Dieu, pas dans les jouets.
- La joie de Dieu est ma force.
- J'apporte de la joie en aidant maman à cuisiner.
- Je garde la joie même si je perds un jeu.
- Je parle avec joie et enthousiasme.
- Je ris au lieu de me plaindre.

3. LA PAIX

Versets clés : Jean 14 :27; Esaïe 26 :3; Philippiens 4 :6-7; Matthieu 5 :9; Colossiens 3:15; Jacques 3:18

Sur la base de ces versets, je proclame et je déclare que :

- Jésus est ma paix.
- Jésus me donne une paix parfaite.
- Je garde la paix en faisant confiance à Dieu.
- Je suis un enfant de paix.
- Dieu est ma paix dans les tempêtes.
- La paix de Dieu garde mon cœur.
- Je vis en paix avec tout le monde.
- Je dors en paix, car Dieu me protège.
- Jésus est le Prince de la paix.
- Je sème la paix autour de moi.
- Je reste calme quand mon frère prend mon jouet.

- Je demande pardon quand j'ai commis une erreur.

- Je parle doucement quand je suis en colère.

- Je prie au lieu de m'inquiéter.

- Je fais la paix avec mon frère après une dispute.

- Je prends du temps pour respirer quand je suis stressé.

- Je ne dis pas de méchancetés.

- Je fais confiance à Dieu quand j'ai peur.

- J'accepte quand je dois attendre mon tour.

- Je garde un cœur tranquille en classe.

- Je dis des mots qui apaisent.

- Je prie pour ceux qui sont en colère.

- Je fais confiance à Jésus en tout temps. (Jean 20:19)

- Je ne panique pas quand je perds un objet. (2 Thessaloniciens 3:16)

4. LA PATIENCE

Versets clés : Galates 5 :22; Psaume 37:7; Éphésiens 4:2; Habacuc 2:3; Jacques 1:3-4; Psaume 37:7; Galates 6:9

Sur la base de ces versets, je proclame et déclare que :

- J'attends avec patience, car Dieu est fidèle.
- Je suis patient avec les autres.
- Dieu me donne la force d'être patient.
- Je ne me lasse pas de faire le bien.
- Dieu me répond au bon moment.
- Je garde mon calme en toute situation.
- Dieu est patient avec moi, je le suis aussi.

- J'apprends à attendre avec joie.

- J'attends mon tour sans me plaindre.

- Je ne me fâche pas quand maman est occupée.

- Je prie au lieu de m'énerver.

- J'écoute sans interrompre.

- J'accepte que les choses prennent du temps.

- J'attends mon assiette sans réclamer.

- Je reste calme dans la file d'attente.

- Je ne me décourage pas quand j'apprends une nouvelle leçon.

- Je ne me mets pas en colère quand quelqu'un est en retard.

- J'attends que mes parents finissent de parler avant de répondre.

- Je garde mon calme quand je ne trouve pas mon jouet.

- Je prie pour apprendre la patience.

- Je me rappelle que Dieu a un temps parfait.

- Je reste gentil même quand je suis pressé.

- Je supporte mes amis avec amour.

- Je ne me plains pas quand il faut attendre un voyage.

- Je me contrôle quand je veux parler trop vite.

- Jésus m'apprend à être patient.

5. LA BONTÉ

Versets clés : Galates 5 :22; Psaume 145:9; Luc 6:31; Proverbes 19:17; 1 Thessaloniciens 5:11; Michée 6:8

Sur la base de ces versets, je proclame et déclare que :

- Je fais le bien autour de moi.

- Dieu est bon envers moi, je suis bon aussi.

- Je traite tout le monde avec bonté.

- Je parle avec gentillesse.

- Je partage avec joie.

- J'aide ceux qui sont dans le besoin.

- Je montre la bonté chaque jour.

- Jésus est mon modèle de bonté.

- Je partage mon goûter avec un ami.

- Je rends service à mes parents.

- J'encourage un ami qui est triste.

- J'aide à ranger la maison.

- Je dis toujours « merci » et « s'il te plaît ».

- Je rends un jouet emprunté sans qu'on me le demande.

- J'aide mon frère ou ma sœur avec ses devoirs.

- Je prie pour les enfants qui souffrent.

- Je prête mes crayons sans râler.

- Je donne un coup de main quand maman en a besoin.

- Je parle gentiment à mes amis.

- J'écoute quelqu'un sans interrompre.

- Je propose mon aide sans qu'on me le demande.

- Je dis une prière pour un ami malade.

- J'offre une place assise à quelqu'un.

- Jésus me rend bon avec tout le monde.

6. LA BIENVEILLANCE

Versets clés : Tite 3:2; Philippiens 2:4; Matthieu 5:16; Psaume 23:6; Proverbes 16:24

Sur la base de ces versets, je proclame et je déclare que :

- Je suis gentil avec tout le monde.
- Je parle avec douceur.
- Dieu me remplit de bienveillance.
- Je sème le bien et je récolte le bien.
- Je pense aux besoins des autres.
- Je suis bon même avec mes ennemis.
- Mon cœur est rempli de compassion.
- Je fais du bien sans attendre en retour.
- Jésus est mon modèle de gentillesse.
- Dieu m'aide à être bienveillant chaque jour.
- Je dis du bien des autres.
- Je partage mon parapluie sous la pluie.
- J'aide mon petit frère à mettre ses chaussures.

- Je réconforte un ami qui pleure.
- J'offre mon aide à un ami en difficulté.
- J'accueille un nouvel élève avec gentillesse.
- Je dis "bonjour" à mes voisins.
- J'écris un petit mot gentil à maman.
- Je fais preuve de patience avec mes amis.
- Je remercie Jésus pour Sa bienveillance.
- Je pardonne même quand ce n'est pas facile.
- J'encourage quelqu'un qui a peur.
- Je prie pour mes camarades d'école.
- Je partage mes crayons avec un ami.
- Jésus me rend bienveillant chaque jour.

7. LA FIDÉLITÉ

Versets clés : Hébreux 11:6; Luc 1:37; Jacques 1:3; Luc 1:37; Matthieu 17:20; Proverbes 20:6.

Sur la base de ces versets, je proclame et je déclare que :

- Je choisis d'être fidèle dans mes engagements.
- Ma fidélité est un reflet de mon amour pour Dieu.
- Je fais confiance à Dieu, qui reste fidèle en toutes circonstances.
- Je reste constant dans ma foi et mes convictions.
- Je pratique la fidélité dans mes relations.
- Je m'engage à être fidèle à ma parole.
- Ma fidélité est une lumière pour les autres.
- Je reste fidèle même dans les épreuves.

- Je choisis d'honorer mes promesses.

- Je trouve ma force dans la fidélité de Dieu.

- Je m'entoure de personnes fidèles.

- Je cultive la fidélité dans mes pensées et mes actions.

- Je garde un cœur fidèle envers Dieu et les autres.

- Je crois en Dieu de tout mon cœur.

- Je manifeste la fidélité dans ma vie quotidienne

- Je déclare ma fidélité envers Dieu chaque jour.

- Dieu est fidèle en tout temps et je lui fais confiance.

- Tout est possible à celui qui croit.

- Je suis fidèle dans les petites choses.

- Ma foi me rend fort.

- Je mets ma confiance en Dieu.

- Je garde la foi même dans les épreuves.

8. LA DOUCEUR

Versets clés: Proverbes 15:1, Galates 6:1; Jacques 3:17; Matthieu 11:29; Colossiens 4:6; Proverbes 13:3

Sur la base de ces versets, je proclame et je déclare que :

- Je parle avec douceur et amour.

- Je suis doux et humble.

- Je traite les autres avec respect.

- Je choisis la douceur plutôt que la colère.

- Mon cœur est rempli de paix et de douceur.

- Je réponds calmement aux critiques.

- Ma douceur est une force, pas une faiblesse.

- Je suis un exemple de douceur autour de moi.

- Je parle avec douceur à mon petit frère.
- J'écoute calmement quand on me parle.
- Je demande poliment quelque chose.
- Je ne crie pas quand je suis fâché.
- Je console un ami triste avec douceur.
- Je parle à Jésus avec un cœur paisible.
- Je prends soin des objets sans les casser.
- J'écris un mot doux pour mes parents.
- Je demande pardon si j'ai blessé quelqu'un.
- J'aide un ami sans me moquer.
- Je donne des câlins avec amour.
- Je parle de Jésus avec douceur.
- Je suis gentil avec mon professeur.
- Je touche les choses avec délicatesse.
- J'essaie d'être calme même quand je suis énervé.

- Jésus m'aide à être doux chaque jour.

9. LA TEMPÉRANCE

Versets clés : Proverbes 16:32; Philippiens 4:5; 1 Corinthiens 9:25; Proverbes 25:28.

Sur la base de ces versets, je proclame et je déclare que :

- Je choisis de vivre avec maîtrise de soi.
- Je contrôle mes pensées et mes émotions.
- Je cherche l'équilibre dans ma vie quotidienne.
- Je pratique la tempérance dans mes actions.
- Je reste maître de moi-même dans les épreuves.
- Je choisis d'agir avec prudence et sagesse.
- Je fais preuve de tempérance dans mes décisions.
- Je recherche la volonté de Dieu avant d'agir.
- Je trouve ma force dans le Saint-Esprit.

- Je fais le choix de la modération dans tout ce que je fais.

- Je suis patient en attendant les résultats.

- Je pratique la tempérance avec joie.

- Je choisis de me concentrer sur ce qui est vraiment important.

- Je déclare ma décision d'agir avec discipline.

- Je vis selon la volonté de Dieu, avec maîtrise de soi.

- Je contrôle mes paroles.

- Je dis non à la colère.

- Je résiste aux tentations.

-Je réfléchis avant d'agir.

- Je garde mon calme en toute chose.

- Je fais ce qui plaît à Dieu.

-Mon corps est le temple de Dieu.

-L'Esprit de Dieu me rend fort.

- Je me retiens de mentir même si c'est tentant.

-Je ne réponds pas méchamment quand je suis frustré.

- J'éteins mon jeu vidéo quand on me le demande.

-Je finis mes devoirs avant de jouer.

-Je ne parle pas quand je dois écouter.

-Je prie avant de réagir quand je suis en colère.

Que toutes ces proclamations relâchées remontent au trône de grâce et redescendent avec exaucement dans ma vie et celle de mes frères et sœurs, mes ami.es au nom puissant de Jésus. Amen!

Amour
Joie
Paix
Patience
Bonté
Fidélité
Bienveillance
Temperance

ANNEXE JEU "LA MISSION DU SAINT-ESPRIT"

Ce jeu doit être guidé par le moniteur du Club de lecture afin d'aider les enfants à retenir au moins une leçon concrète de ce qui a été enseigné au sujet du glorieux Saint-Esprit.

Il s'agit d'une petite activité ludique et facile à faire avec des enfants, pour les aider à retenir le message sur le Saint-Esprit.

(À faire en groupe ou seul, avec des images, du mime et un peu d'imagination !)

A- Matériel :

- Des cartes ou papiers avec des actions du Saint-Esprit (voir plus bas)
- Un panier ou une boîte
- Une Bible pour lire un verset à la fin
- Une feuille et des crayons pour dessiner à la fin

B- Comment jouer :

- Mets les papiers dans la boîte.
- Chaque enfant tire une carte et mime ou explique avec ses mots ce que le Saint-Esprit fait.
- Les autres enfants devinent quelle action c'est.
- Après chaque carte, tu peux dire une petite phrase :

"Le Saint-Esprit est toujours avec moi "

C- Exemples de cartes à produire avec du papier cartonné

- Le Saint-Esprit me console quand je suis triste.
- Le Saint-Esprit me donne du courage.
- Le Saint-Esprit m'aide à faire le bien.
- Le Saint-Esprit m'aide à prier.
- Le Saint-Esprit me parle dans mon cœur.
- Le Saint-Esprit me protège.
- Le Saint-Esprit me guide.
- Le Saint-Esprit m'apprend la vérité.

Activité bonus :

À la fin du jeu, le moniteur du club de lecture demande à chaque enfant d'écrire une chose que le Saint-Esprit fait pour lui. Il demande également à chaque enfant de se dessine lui-même en train de dire merci au Saint-Esprit.

Made in United States
North Haven, CT
10 November 2026

22090137R00046